Leer es Pensar

*Herramientas Dinámicas
Para el Desarrollo de la
Alfabetización y el Lenguaje*

Evelyn Williams English

Copyright © 2015 por
Evelyn Williams English
Todos los derechos reservados.

Colaboradores:
Jailen English, Ilustrador
Alexis English, Promotor Pensamiento Crítico
Julian English, Asociado de Actividad 1
Ayden English, Asociado de Actividad 2

El permiso para reproducir en
cualquier forma debe ser asegurado
por parte del autor.

Por favor dirija toda la correspondencia y pedidos de libro a:
Evelyn Williams English
P.O. Box 286
Simpsonville, MD 21150

Impreso en los Estados Unidos de América

Dedicación

En memoria cariñosa de mis padres, Johnnie Williams, Jr., y Jettie Ball Williams. Ellos sabían que la capacidad de razonar lógicamente, comunicarse de manera efectiva, y resolver problemas son los objetivos de la educación. La clave para convertirse en un ciudadano reflexivo y contribuidor y aprendiz de por vida es la alfabetización–leer, pensar, escribir, escuchar y hablar.

Gracias, Equipo del Hogar: Johnnie y Jettie Williams; mis primeros alumnos: mis talentosos, curiosos y amantes hermanos, hermanas, sobrinas, sobrinos; mis hijos: Brandon, Taunya, Gordon, y Natasha; mis NIETOS: Jailen, Alexis, Julián y Ayden; y mi familia extendida de Oklahoma y profesores.

Orezco mi agradecimiento a mis alumnos, mentores y colegas en todo Estados Unidos y Europa.

Estoy en deuda con todos ustedes.

Contenido

Prólogo vii
Introducción ix

Directrices Para Prepararse para Aprender

Crear una Alfabetización y Lugar de Aprendizaje de Lenguaje Cautivadores 1
Elogiar y Alentar —¡Piensa! 3
Hecho Divertido 6
"Cómo" Sostener un Libro 7

Leer es Divertido

Alfabéticos 8
Letras del Alfabeto 12
Fluidez 40
Vocabulario 44
Comprensión 47

Hablando Acerca de los Libros

¡Celebración de Lectura!
Opción de Amantes de los Libros de Libros de Multi-Nivel 52
Old-Fashioned Play Adds Value to Screen Free Activities 54
Palabras Finales 56
Los Cinco Componentes Esenciales De La Lectura Para Aprender Y Aprender A Leer Sesiones De Trabajo De Alfabetización Y Lenguaje 58
Acerca del Autor 60

Prólogo

Leer es pensar. La lectura es una comprensión sin límites de las palabras escritas. La lectura se aprende de manera explícita y la práctica regular de las estrategias, procesos y técnicas es una herramienta. La lectura es la fuerza-potencia intelectual que permite a un lector en convertirse en un pensador independiente, ahora y en el futuro.

Leer es Pensar son Herramientas Dinámicas para el Desarrollo de la Alfabetización y Lenguaje, es una guía, con base en la investigación de lectura valorada. Se anima a la enseñanza clara y completa y el aprendizaje de los componentes esenciales de la lectura: conciencia fonológica, conciencia de los sonidos; fonética, producción física de los sonidos y el reconocimiento de representaciones escritas de los sonidos; fluidez, un comando de una facilidad de uso de las palabras; vocabulario, palabras que se entienden, utilizadas, y al mando de un lector o representante; y la comprensión, el entendimiento.

En esta guía, conciencia fonológica y fonética son llamados los "alfabéticos." Las lecciones y actividades de esta guía son aprendizaje requerido.

Promueven la escolarización exitosa y apoyan un curso bien definido de acción para convertirse en un lector competente.

Algunos objetivos de esta guía son:
- Identificar herramientas–estrategias, procesos y técnicas para aprender a leer.

- Resumir las estrategias, procesos y técnicas para la enseñanza efectiva y aprendizaje de la lectura.

- Hacer un esquema de consejos de apoyó para la práctica de los componentes esenciales de la lectura.

- Compartir actividades específicas para la comprobación de la comprensión acerca de las estrategias de lectura, procesos y técnicas enseñadas y aprendidas.

- Compartir actividades específicas para la comprobación de la comprensión acerca de las estrategias de lectura, procesos y técnicas enseñadas y aprendidas.

- Alentar la alfabetización temprana y el desarrollo del lenguaje y lectura en casa.

- Poner en marcha la diversión de leer para el disfrute.

Leer es Pensar – Herramientas Dinámicas para la Alfabetización y Desarrollo del Lenguaje es un recurso preparatorio fácil de usar, y tutor personal que contiene herramientas del lenguaje y de alfabetismo, estrategias, actividades y consejos apoyados por la investigación para aprender a leer y cómo uno puede utilizar la lectura para aprender.

Introducción
¡Educar mentes, no sólo memorias!

El aprendizaje temprano y el uso diario del pensamiento crítico (los procesos de resolución de problemas), el lenguaje (principios de habla) y la alfabetización (lectura de las estrategias y técnicas de escritura) son responsabilidad de los primeros maestros, los padres y las familias de los niños. Los padres y las familias están buscando una participación más significativa y participativa en el aprendizaje y el desarrollo de la capacidad de sus hijos para resolver problemas, hablar, leer y escribir. Ser capaz de pensar, leer, hablar, y escribir de manera competente y eficaz, permite a un niño a aprovechar al máximo el proceso de aprendizaje, ahora y en el futuro.

Leer es Pensar: Herramientas Dinámicas para el Desarrollo de la Alfabetización y el Lenguaje es una guía completa práctica y motivacional desde pre-jardín de niños hasta el Grado Tercero, escrita por un padre, abuelo y maestro. Está escrita para los padres, abuelos y maestros. Su intención es explicar cómo se pueden enseñar los componentes esenciales de la lectura, la resolución de problemas, el lenguaje y la alfabetización.

No hay soluciones rápidas, no hay técnicas de corto plazo para la enseñanza y el aprendizaje de cómo pensar lógicamente, hablar correctamente, leer competentemente, y escribir con claridad para transmitir un pensamiento, mensaje o idea. Por lo tanto, las lecciones basadas en la investigación, y actividades efectivas incluidas en esta guía están diseñadas y escritas para construir la disposición de un estudiante y para forjar una fundación que apoye el aprendizaje más ventajoso en el tiempo.

Alistándose para Aprender– directrices específicas para:

- Crear un lugar de alfabetismo y lectura
- Escuchar y seguir recursos de instrucciones
- Elogiar y alentar a aprendices
- Cómo sostener un libro

Leer es Divertido

- Alfabéticos (conciencia fonológica y fonética) nombres y sonidos de las letras
- Fluidez: leer con precisión y con expresión
- Vocabulario: palabras que se usan para intercambiar pensamientos e ideas
- Comprensión: la lectura de sentido
- Cuestionamiento multi-nivelado
- Lectura activa: visualizar
- Usar organizadores gráficos

Hablando Acerca de Libros

- Resolución de problemas críticos
- Escuchar
- Hablar

Actuar a la Antigua y Aprendizaje de Lectura Libre sin Pantalla

- Leer en el camino
- Aprender en el camino

Las lecciones y actividades en Leer es Pensar : Herramientas Dinámicas para el Desarrollo de la Alfabetización y el Lenguaje empoderan a los padres, familias y educadores de niños nivel Pre-Jardín hasta Tercer Grado, y desarrolla el dominio de la lectura y el amor por el aprendizaje para hoy y el futuro.

La lectura es un proceso de toda la vida. El término "lectores", como aparece en esta guía incluye a todos los padres, madres, familiares, tutores, cuidadores y maestros apoyando a alumnos de Pre-Jardín de Niños hasta el Grado Tercero.

Apoyar y poner en práctica una educación de calidad es importante y útil. La enseñanza sistemática y el aprendizaje explícito de los cinco componentes esenciales de la lectura (la conciencia fonológica, fonética, fluidez, vocabulario y comprensión) podrán influir positivamente en aprender a leer y leer para aprender durante los primeros años y más allá.

Los que enseñan a leer, a veces llamados mentores de alfabetización, tienen como objetivo compartir métodos que funcionan, es decir, estrategias confirmadas de enseñanza de alfabetización, procesos y técnicas que tienen y harán avanzar la enseñanza sistemática y el aprendizaje explícito de lectura, pensamiento, escritura, comprensión auditiva y el habla.

El plan incluido en enseñar Leer es Pensar : Herramientas Dinámicas para el Desarrollo de la Alfabetización y el Lenguaje hará una diferencia. Faculta a todos los miembros de la comunidad educativa, proporciona acceso a un plan de crecimiento identificado, y ofrece bloques de construcción para la lectura competente y escolarización exitosa.

La incapacidad para leer con comprensión niega a los estudiantes la oportunidad de alcanzar su máximo potencial, experimentar escolarización exitosa, y convertirse en ciudadanos contribuyentes. Los maestros de lectura (mentores de alfabetización) son educadores acreditados y experimentados. Son facilitadores expertos en alfabetización, lectura, pensar, escribir, escuchar, y hablar, dispuestos a entrenar y apoyar a los padres, las familias, los tutores, cuidadores y maestros en sus esfuerzos para ayudar a todos los estudiantes a alcanzar su máximo potencial de aprendizaje, convertirse en lectores competentes, y convertirse en estudiantes exitosos y ciudadanos contribuyentes.

Crear y mantener asociaciones de alfabetización temprana, colaborando con los padres, las familias, los tutores, cuidadores y profesores se asegura de que cada estudiante tenga la oportunidad de recibir:

- La alfabetización y consolidación del idioma desde sus primeros educadores-padres.
- Información a los padres que están involucrados en su educación.
- Asistencia en la "Enseñanza de la lectura en el hogar" práctica y útil.
- Consejos de lectura y aprendizaje de padres que han experimentado un crecimiento personal y educativo.
- Directrices específicas para la participación de la familia en la educación de su alumno.
- Apoyo de educación de la comunidad de las personas que valoran la lectura y el aprendizaje.

Crear una Alfabetización y Lugar de Aprendizaje de Lenguaje Cautivadores

La creación de un lugar de aprender lectura, pensamiento, escritura, escucha y habla lugar es importante. Este alienta al profesor para planificar el futuro, construye el respeto por el tiempo personal y el aprendizaje familiar y ofrece un ambiente que fomenta una actitud en el estudiante que refleja la voluntad de aprender. La creación de un "lugar de aprendizaje" significa ser organizado.

Las claves para la creación de un lugar de alfabetización y el aprendizaje del lenguaje incluyen, pero no se limitan a, las siguientes áreas:

- Arte y escritura
- Bloques
- Jugar
- Música: escuchar y cantar
- Manipulativos: crayones, marcadores, tijeras estilo apropiado
- Un espacio de aprendizaje de lectura tipo Biblioteca-Libros-Silencio
- Almohadas
- Silla(s), mesa y escritorio debe ser de tamaño apropiado
- Peluches, semejanzas de personaje de historia y más.

Los artículos de visualización -fotos y carteles de la zona de aprendizaje deben incluir:

- Recordatorios de aprendizaje: cómo sostener un libro, escuchar y seguir instrucciones y otros.
- Gráfico del Clima
- Carteles de estaciones: otoño, invierno, primavera y verano.
- Calendario
- Imagen del Aprendiz
- Imagen de los grupos familiares aprendiendo y divirtiéndose juntos.

Mientras que los estudiantes están en el proceso de desarrollar entendimiento sobre la lectura, cada área debe tener imágenes y palabras nombrando el uso previsto para esa zona. El etiquetado desarrolla el reconocimiento de palabras y fortalece la base para aprender a leer. Estas imágenes deben mostrar:

- Arte-fotos de pinceles de pintura, marcadores y crayones
- Lectura-imágenes de libros, casetes, computadoras.
- Juego-imágenes de personajes de cuentos y ropa adecuada para vestir como personajes.
- Bloques – modelos pre-construidos para servir como guía para la toma de nuevos modelos
- Y más –

La creación de un lugar de aprendizaje atractivo es un deber-fomenta sentimientos positivos sobre el aprendizaje.

Elogiar y Alentar

¡Piensa!
El placer, el interés y el desarrollo apropiado.

Los estudiantes deben tener amor propio. Deben creer que pueden aprender. Los padres y educadores deben elogiar y alentar al alumno. El elogio y aliento sincero y oportuno ayuda a cada alumno a desarrollarse académica, social y personalmente.

Los lectores que se dedican a divertirse mientras desarrollan una comprensión del lenguaje y la alfabetización, que están haciendo y respondiendo preguntas, cantando y jugando con otros, están más a menudo motivados para aprender, practicar y dominar una tarea. Los que están enseñando a los nuevos estudiantes deben ofrecer apoyo para el alumno. El maestro debe mostrar cómo se debe completar la tarea y luego permitir que el alumno complete la tarea. Siempre, tenga en cuenta la edad, el periodo de crecimiento de desarrollo, y los antecedentes de opiniones al elogiar y animar a su lector.

Algunas de las expresiones que puede considerar usar para elogiar a su aprendiz son:

- ¡Qué bueno para escuchar eres!
- ¡Lo entendiste!
- ¡Eres bueno!
- ¡Tu trabajo es original!
- ¡Estás mejorando!
- ¡Genial!

- ¡Gran respuesta!
- ¡Pulgares hacia arriba!
- ¡Sigue trabajando y aprendiendo!
- ¡Eres un excelente alumno!
- ¡Buen esfuerzo!
- ¡Debes estar orgulloso de tu trabajo!
- ¡Eres un muy buen lector!
- ¡Gracias por intentar!

El conseguir que un estudiante esté para aprender incluye animarlo(a) para escuchar y seguir instrucciones. Enseñe los siguientes consejos para ayudar a su lector a prepararse para aprender.

Explique y modele cada dirección.

Pida al alumno que diga y modele el comportamiento esperado de "escuchar" "y seguir instrucciones".

Los ojos están viendo

Los oídos y mente están recibiendo

Los labios están cerrados

Las manos están quietas

Los pies están tranquilos

Hecho Divertido

Diferentes idiomas se escriben de distintas maneras. Hebreo y árabe, por ejemplo, se escriben y se leen de derecha a izquierda. El español se lee de izquierda a derecha. ¿Por qué? Una explicación es que los griegos y los romanos hicieron de esta manera. Cuando escribimos en español, estamos utilizando la escritura romana. Los romanos consideraban muchas maneras de colocar y leer las palabras en una página y decidieron que leer de izquierda a derecha era la forma más fácil de leer.

Cómo Sujetar un Libro

Antes de aprender a leer, el lector debe aprender cómo sostener un libro. Un lector puede sostener un libro por los bordes laterales de las cubiertas delantera y trasera, lo que permite que las páginas caigan abiertas en el centro del libro.

O bien, un lector puede equilibrar un libro al descansar la "columna vertebral" o la parte posterior central del libro en una mano. El uso de este último método deja una mano libre para voltear las páginas.

Las páginas deben ser pasadas mediante el uso del dedo "primero" o "índice" para voltear una página de la mano derecha por su borde superior de la esquina derecha. Las páginas nunca deben ser volteadas empujándolas del centro, y se debe tener cuidado de no doblar o "torcer" las páginas de un libro. Enseñe al lector a sostener un libro:

- Haga que el lector se siente y sostenga el libro.
- Ayude al lector a ver la portada del libro y sostener el libro con la impresión de lectura de izquierda a derecha.
- Muestre al lector la parte superior, inferior, frontal y posterior del libro.
- Pídale al lector a decir las palabras y tocar la parte superior, inferior, frontal y posterior del libro.
- Enseñe al lector cómo dar vuelta a una página del libro a la vez.
- Muestre al lector dónde empezar la lectura -qué palabra leer primero, de izquierda a derecha.
- Practique el sostener un libro y pasar las páginas.
- Practique la lectura de las palabras en la página y llame la atención sobre la vuelta de página para regresar, de izquierda a derecha.

Alfabéticos

Letras visuales del alfabeto-incluidas en esta guía-serán el tema central de esta sección.

Conciencia fonológica y fonética se llaman los alfabéticos en esta guía.

Aprender y habitualmente utilizar alfabéticos prepara a los lectores para una vida de aprendizaje. Mejora la ortografía, la lectura de palabras y comprensión. Memorizando el alfabeto – los nombres de las letras ABC – y ser capaz de identificar fácilmente los sonidos que representan construye las bases para la lectura competente.

ALFABÉTICOS #1

Estrategia de enseñanza para guiar los alumnos conforme dicen y aprenden los nombres del alfabeto–el ABC.

AVISO:

La enseñanza y el aprendizaje del alfabeto es una actividad a largo plazo. Se sugiere la enseñanza de cuatro, no más de cinco letras por lección.

Observe las letras-ABC...- en esta guía incluyen flechas direccionales-diseñadas para guiar la escritura de las letras.

- Muestre imágenes del alfabeto-ABC - incluidas en esta guía.

- Prepare áreas de práctica del alfabeto; bandeja(s) de pantalla(s) de computadora, con bloques del alfabeto que incluyan sólo las letras que se han enseñado en la(s) bandeja(s).

- Seleccione una canción-música del alfabeto.

- Prepárese para cantar los nombres del alfabeto.

- Dígale al estudiante(s) que vamos a aprender los nombres del ABC.

- Modelo-diga los nombres y apunte a las letras del alfabeto seleccionadas para esta enseñanza.

- Dígale a los estudiantes que las flechas de los nombres de las letras muestran cómo escribir los nombres de las letras.

- Diga - apunte a la imagen debajo de la letra que tiene el nombre de la letra al principio de la palabra.

- Ahora, diga el nombre de la letra y haga que el alumno(s) repita después de usted.

- Pida al alumno(s) a cantar al mismo tiempo que la canción del alfabeto se escucha o se canta.

- Haga que el alumno(s) diga el nombre del alfabeto conforme usted señala y guía en la lectura de las letras.

Elogie al alumno(s) por su trabajo. Anime a todos los alumnos).

SUGERENCIAS para el desarrollo de la comprensión sobre el aprendizaje de los nombres del alfabeto.

- Ponga la canción del alfabeto. Pida al alumno(s) que escuche a medida que trabajan en el área de trabajo del alfabeto(s).

- Pídale al estudiante(s) a moverse al área de trabajo ABC.

- Pídale al alumno(s) a encontrar las letras en el área(s) de trabajo

- Pídale al alumno(s) a encontrar, organizar las letras en el orden enseñado y decir los nombres de las letras.

ALFABÉTICOS #2

Escribir y dibujar las letras del alfabeto –**La Fila de Letras** -. Estrategia de **enseñanza** para guiar a los estudiantes a medida que aprenden a escribir y dibujar las letras del alfabeto, el "ABC".

AVISO:

La enseñanza y el aprendizaje del alfabeto es a largo plazo. Se sugiere la enseñanza de cuatro, no más de cinco letras por lección.

Observe que las letras- ABC en esta guía incluyen flechas direccionales diseñadas para guiar la escritura de las letras.

Muestre las imágenes del alfabeto–ABC–incluidas en esta guía.

Prepare áreas de práctica del alfabeto. Asegúrese de que los materiales de enseñanza sean **apropiados para la edad.** Para los jóvenes estudiantes, el material que se utilizará incluye papel de escribir, lápices, papel de arte, marcadores, y la bandeja(s) con las letras del alfabeto mostrando las **flechas de formación adecuadas.** Los maestros deben incluir sólo las letras que se han enseñado.

- Haga que el alumno(s) escriba o dibuje las letras del alfabeto.

- Permita que el alumno(s) comparta su trabajo.

- Pida al alumno(s) que explique y diga cómo, él/ella escribió/ilustro la(s) letra(s).

- Muestre las letras escritas, es decir, escritas por el alumno(s).

Los **Alfabéticos**—ABC...—ayuda a todos los estudiantes a entender la conexión entre el sonido y los nombres de las letras de nuestro idioma. La enseñanza y el aprendizaje sistemáticos y explícitos del ABC mejoran el reconocimiento de palabras, ortografía y comprensión de cada alumno.

Letras del Alfabeto

Conocer los nombres de las letras del alfabeto es una habilidad de lectura esencial. De hecho, el conocer los nombres de las letras debe ser dominado antes de que comience la enseñanza de la lectura. El estudiar los sonidos de las letras ayuda a los estudiantes de Pre-Jardín de niños hasta el Tercer Grado a leer temprano y bien. La enseñanza de nombres de las letras y los sonidos es una responsabilidad significativa para los padres.

Los estudiantes de Pre-Jardín de niños hasta el Tercer Grado deben comenzar por reconocer las letras del alfabeto. Esta es una habilidad importante y cuanto antes un niño la haya dominado, más pronto él o ella podrá comenzar a leer.

Los maestros de y entrenadores de alfabetización saben que enseñar el alfabeto mediante el uso de juegos, canciones y otras actividades agradables puede ser muy eficaz. La canción "ABC" ha sido durante mucho tiempo un método esencial de enseñar nombres de las letras.

El enseñar a los alumnos de preescolar nombres del alfabeto y sonidos se ve influenciado por la región del país en que vivimos, o acentos heredado de nuestros mayores, no es difícil entender cómo y por qué los sonidos que asociamos con las letras pueden ser prestados ligeramente diferentes.

Lo que es importante en esta primera fase del proceso de aprendizaje es que los estudiantes de Pre-Jardín de Niños hasta el Tercer Grado se familiaricen con los nombres de las letras.

La siguiente sección presenta las letras del alfabeto.

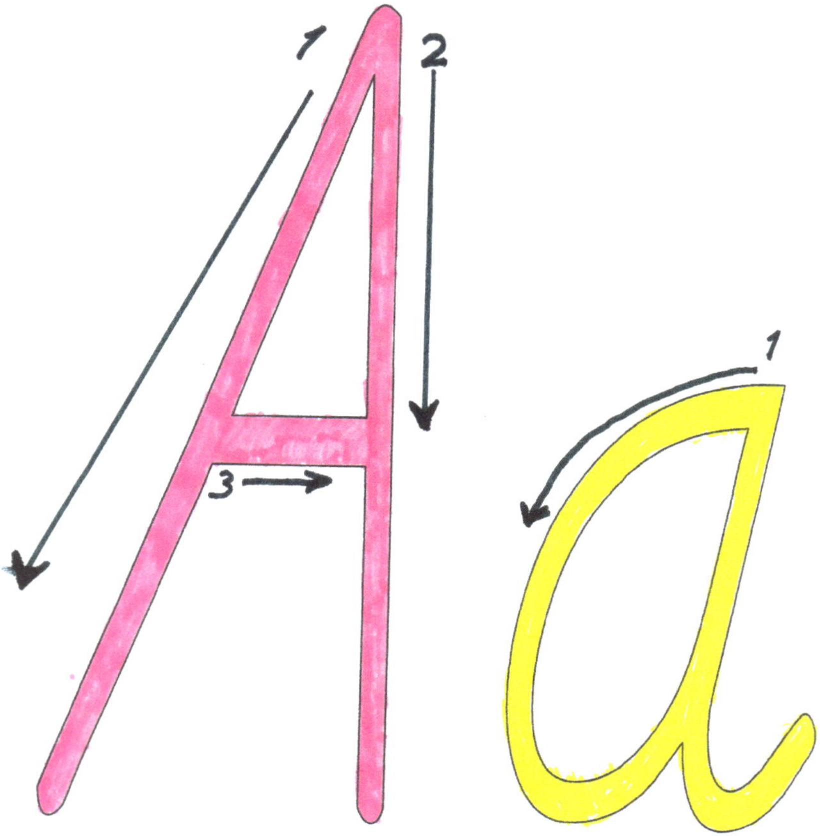

A a

Apple

La Manzana

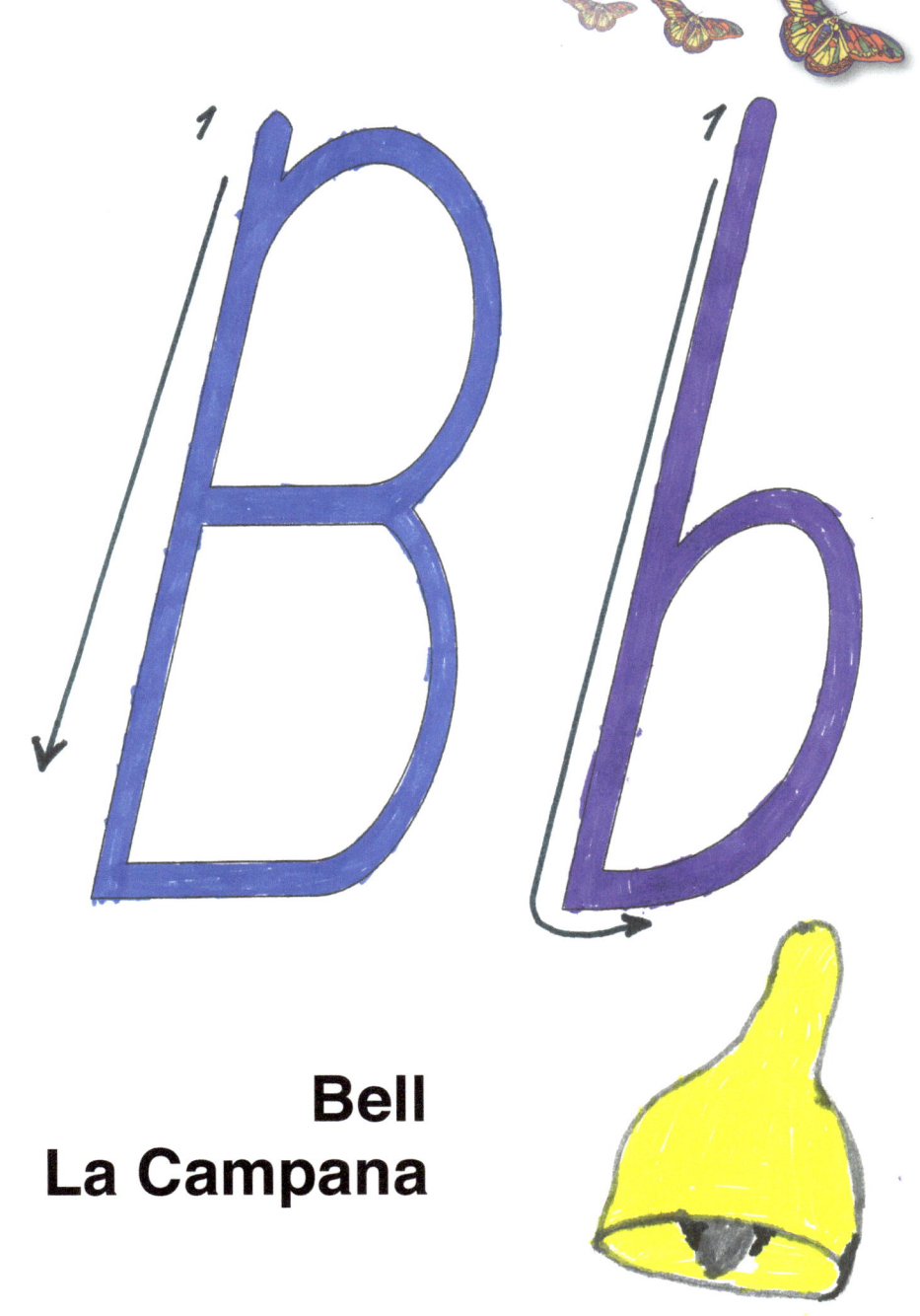

**Bell
La Campana**

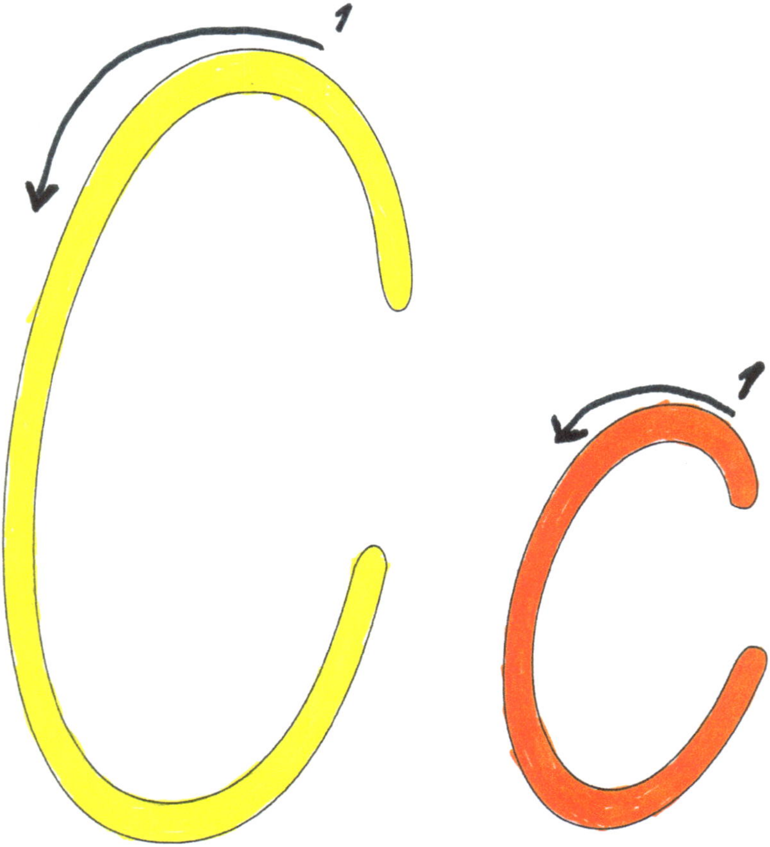

C c

Can
La Lata

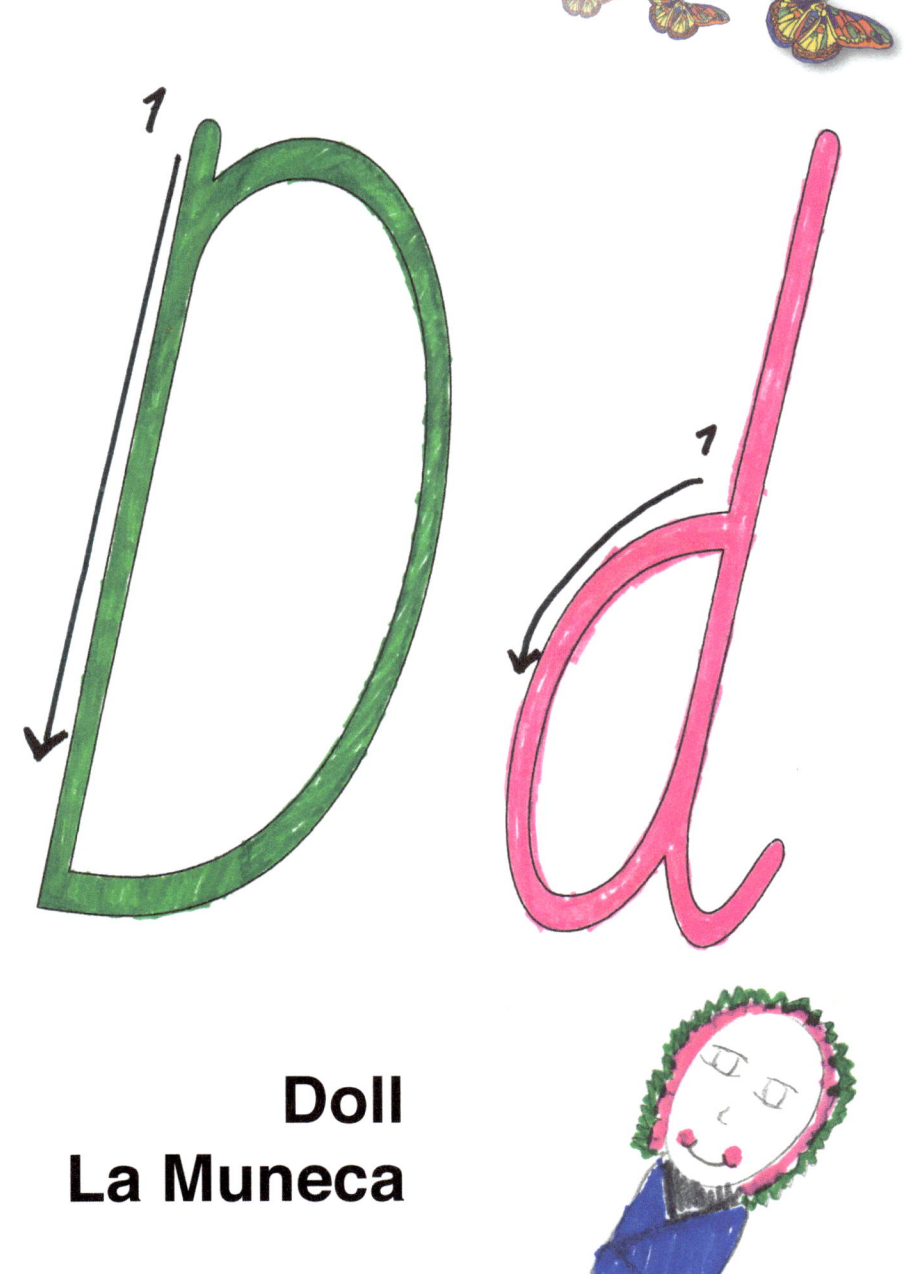

**Doll
La Muneca**

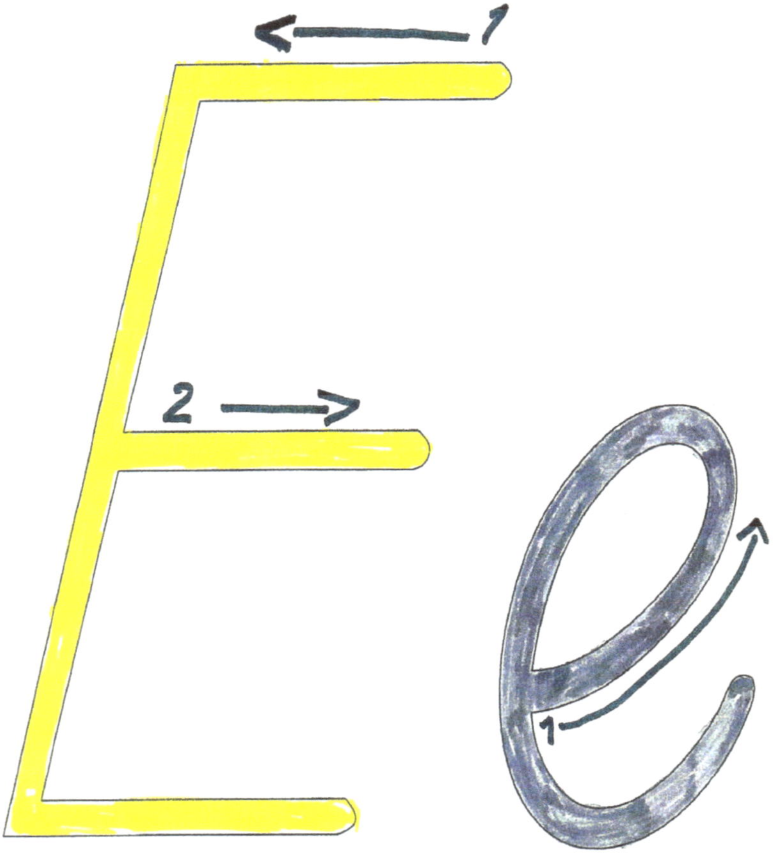

Egg
El Juevo

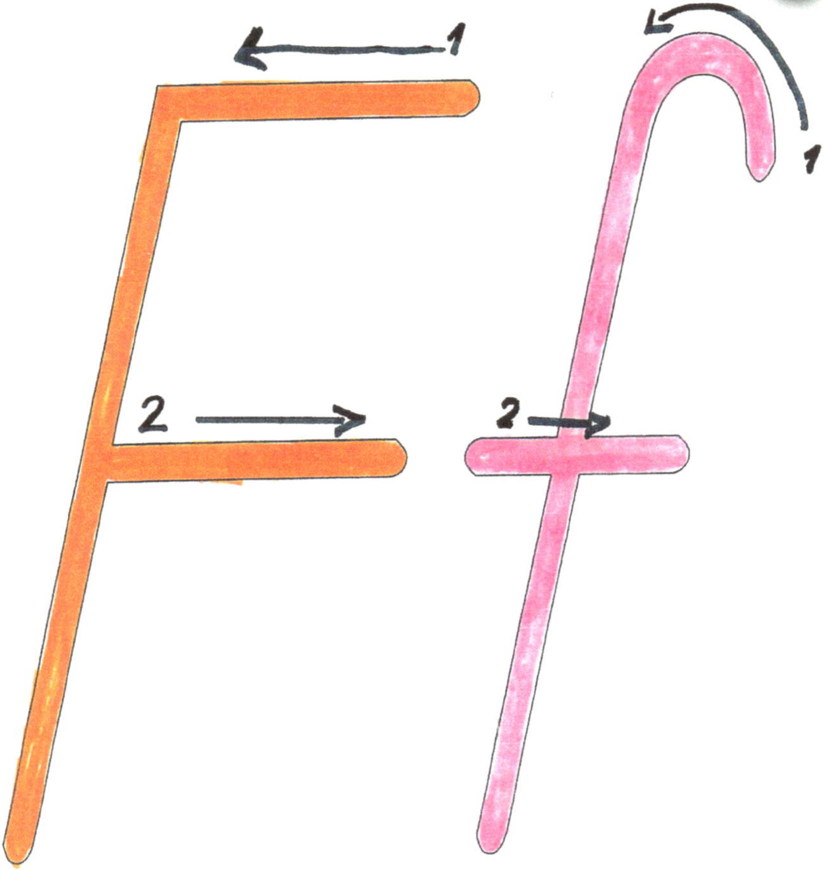

**Flag
La Bandera**

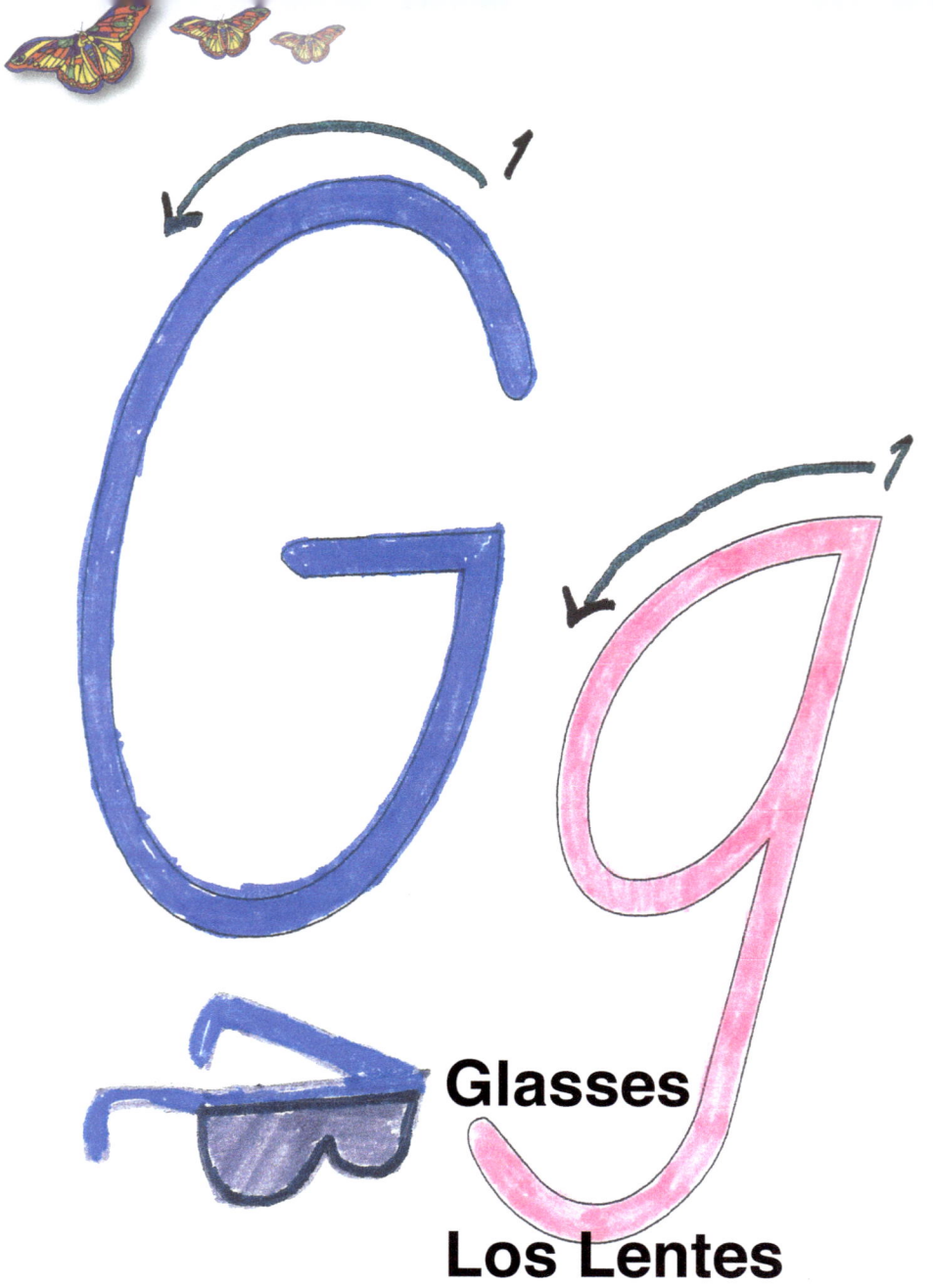

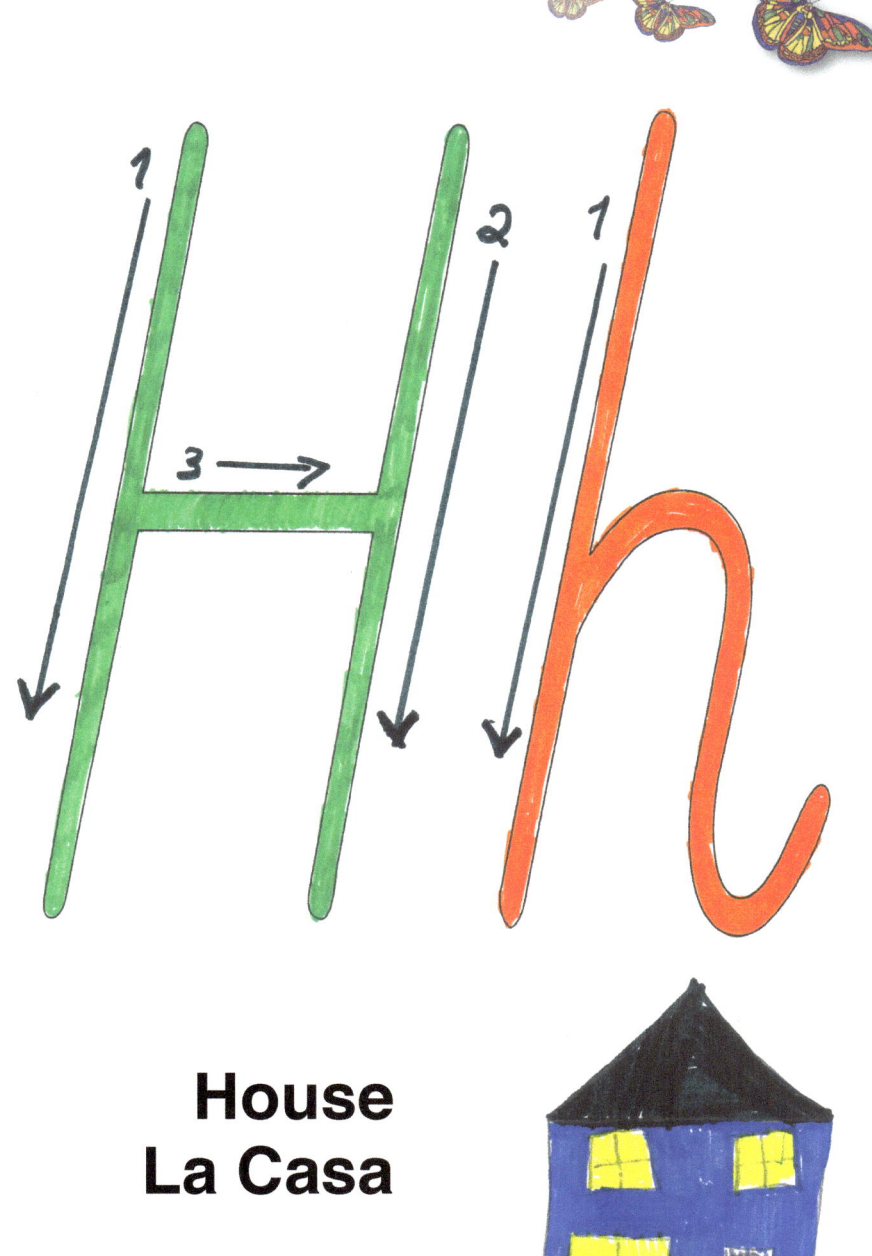

**House
La Casa**

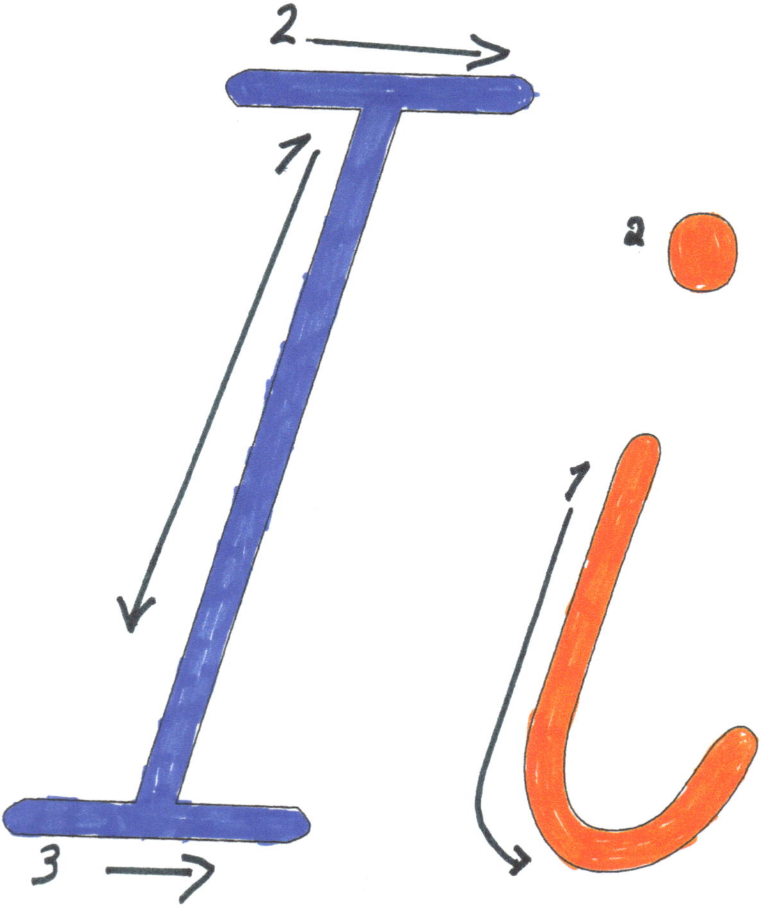

**Ice Cream
El Helado**

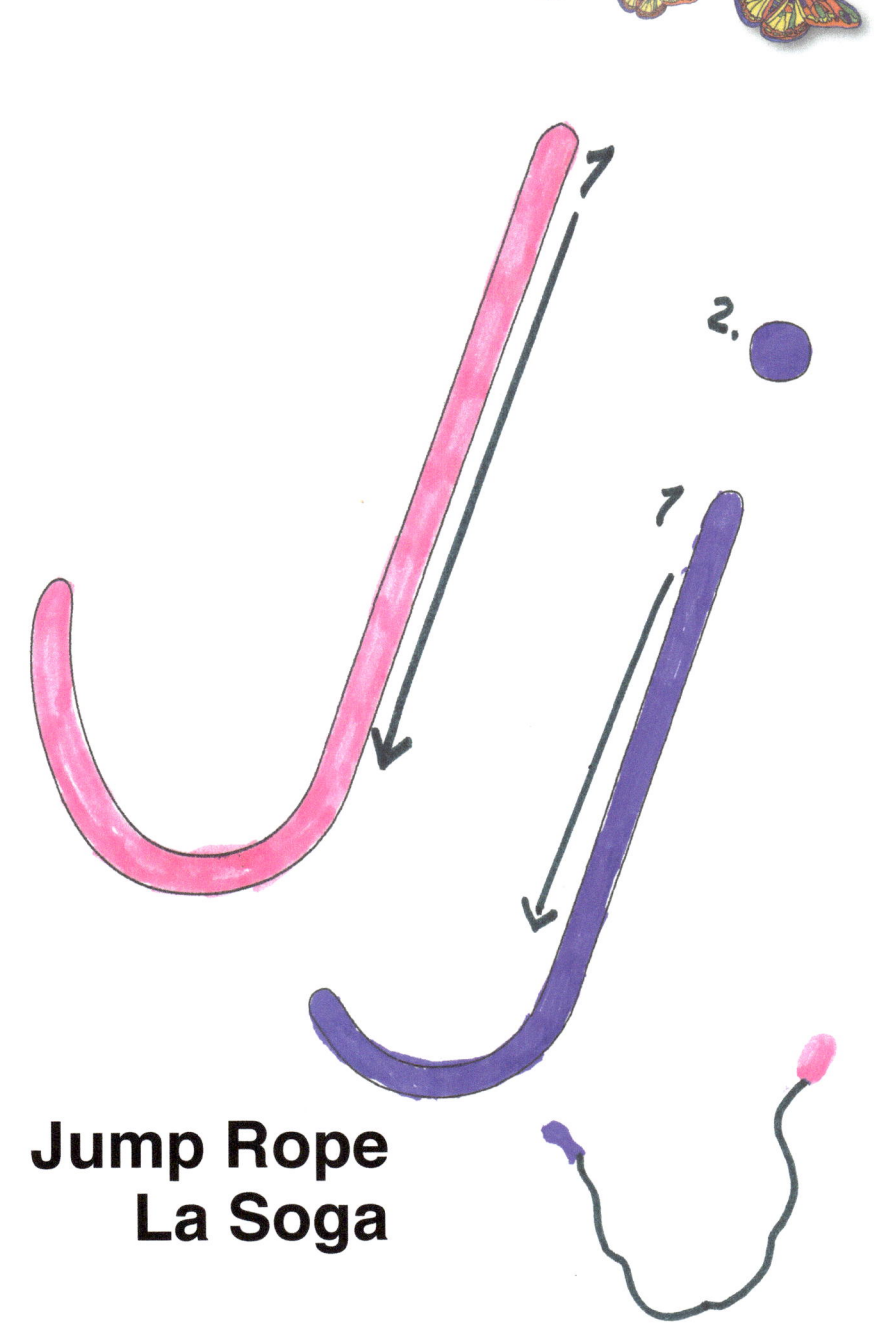

**Jump Rope
La Soga**

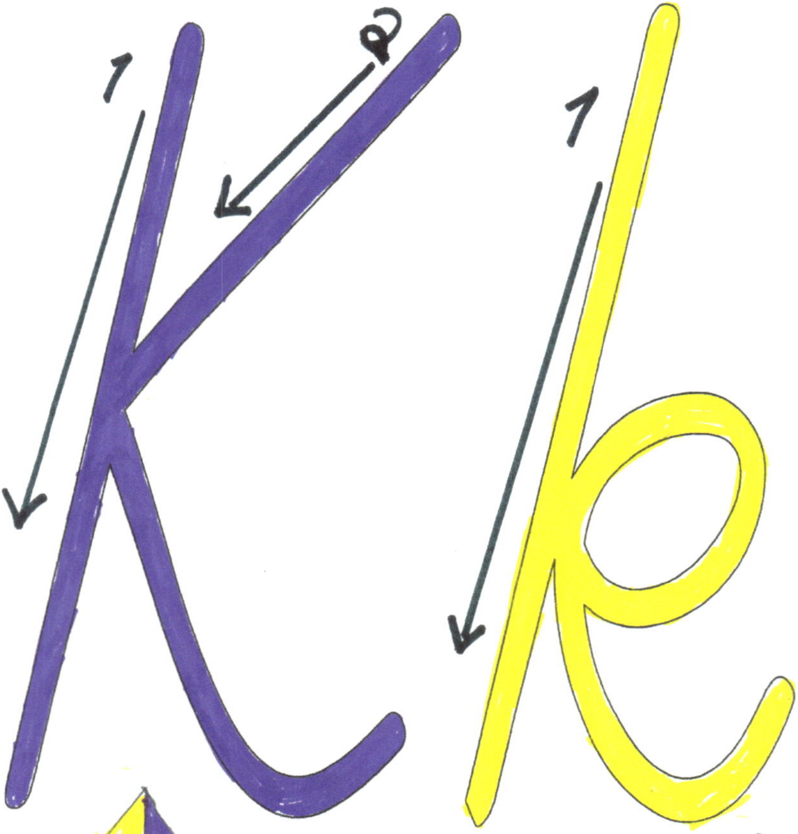

K k

Kite
La Cometa

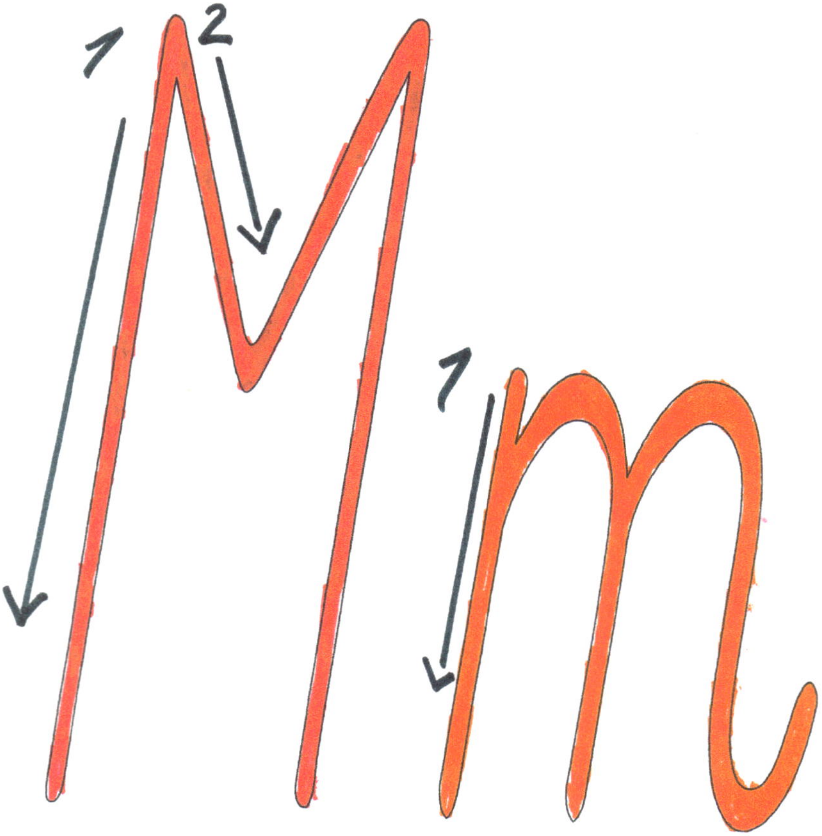

Mm

**Mop
La Trapiadora**

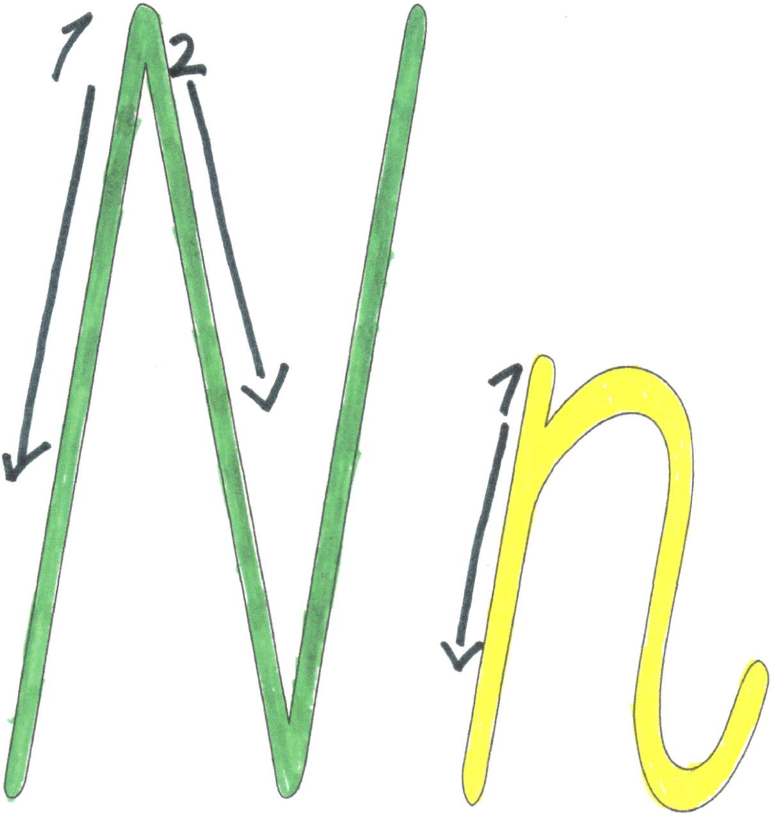

N n

Nest El Nido

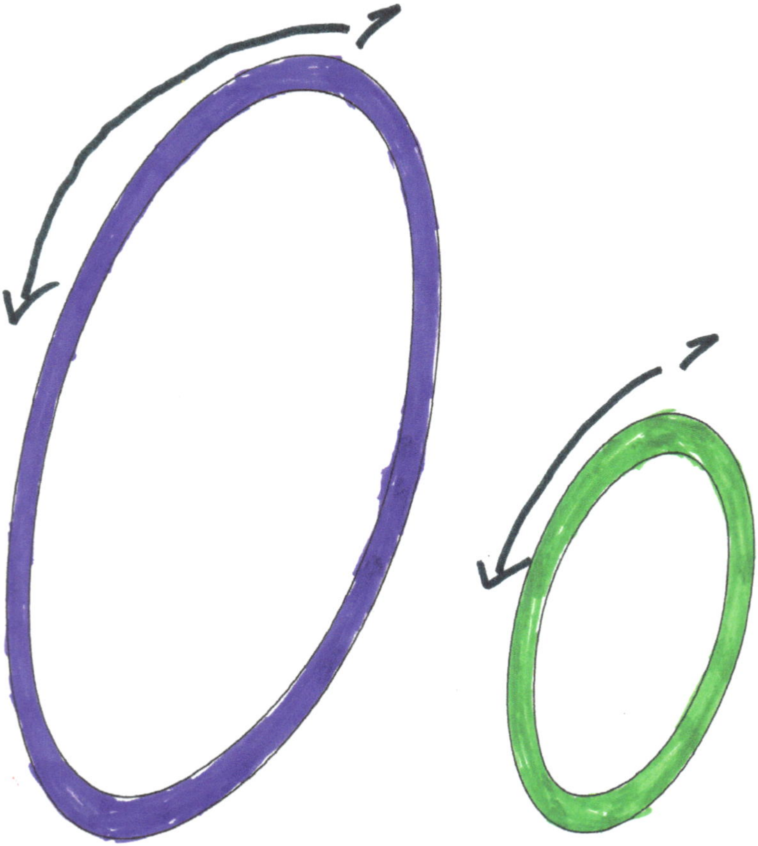

**Oil
El Petroleo**

**Pear
La Pera**

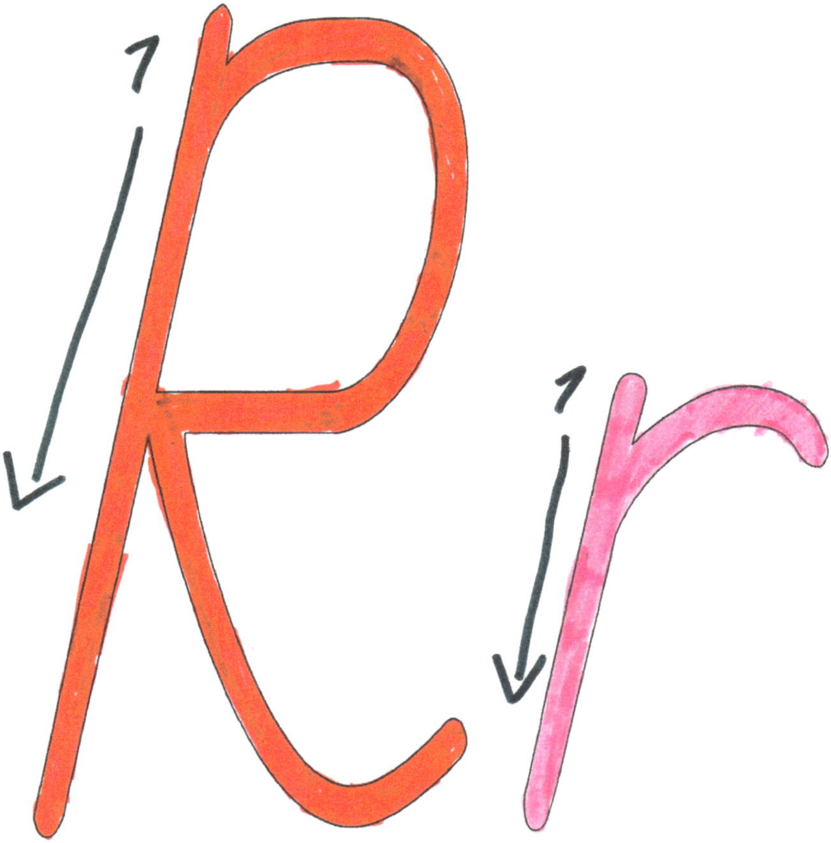

Rr

**Rabbit
El Conejo**

Snake
La Culebra

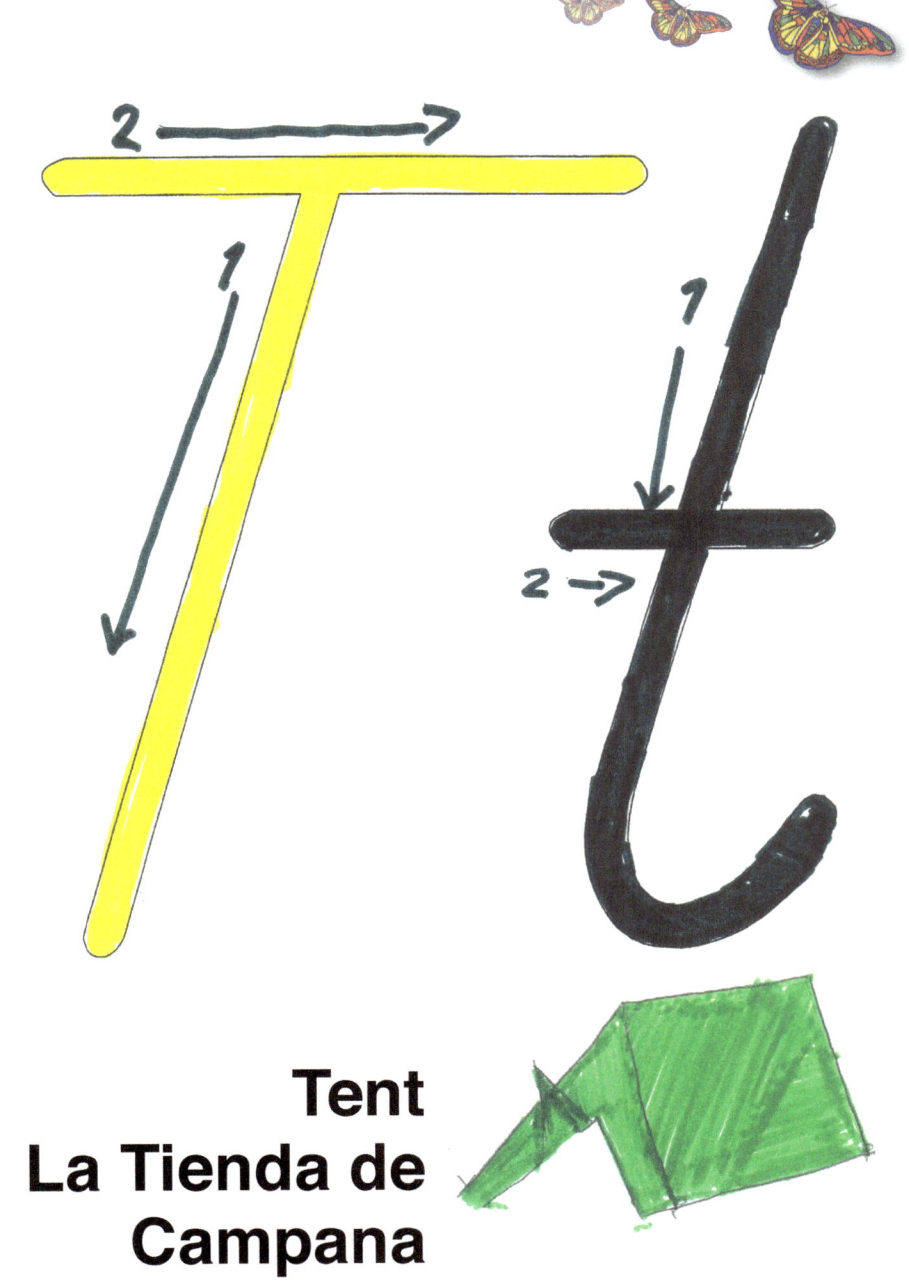

**Tent
La Tienda de Campana**

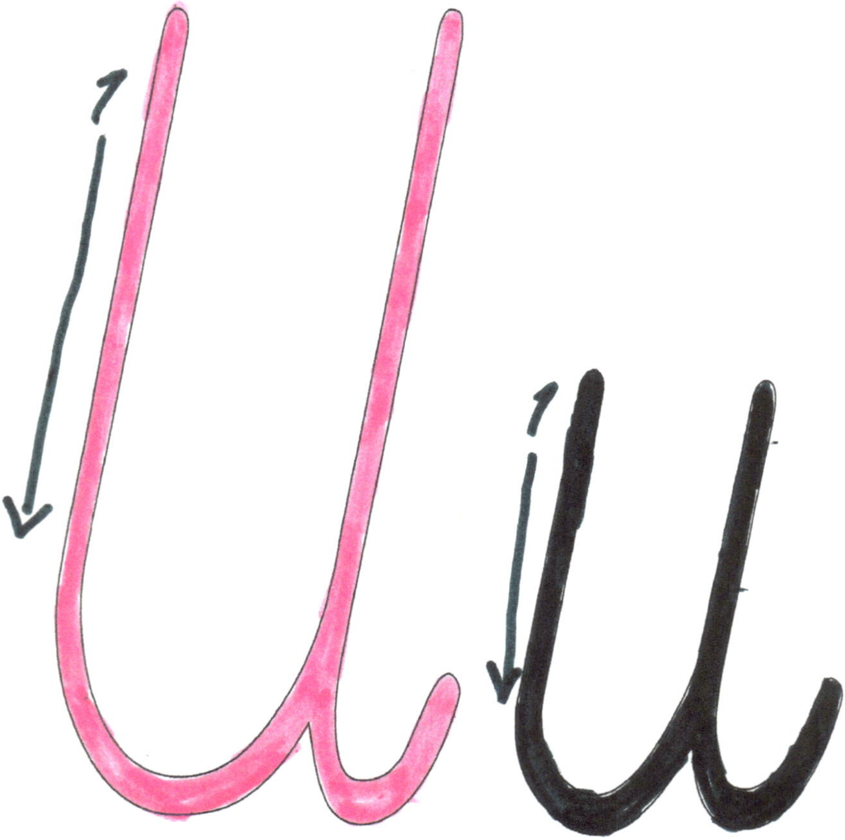

Uu

Umbrella
El Paragua

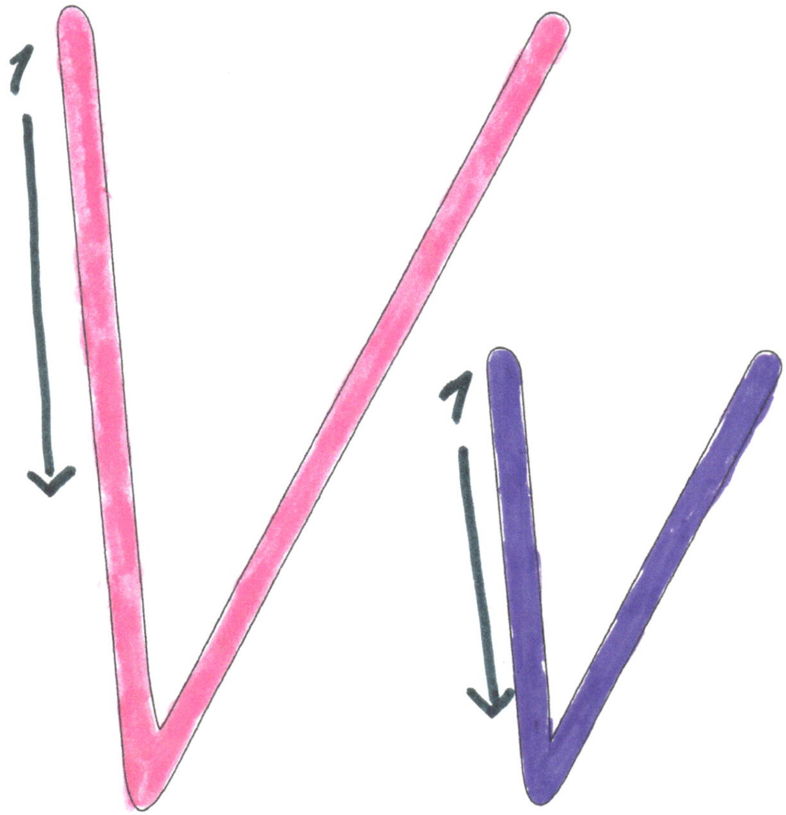

Vest
La Camiseta

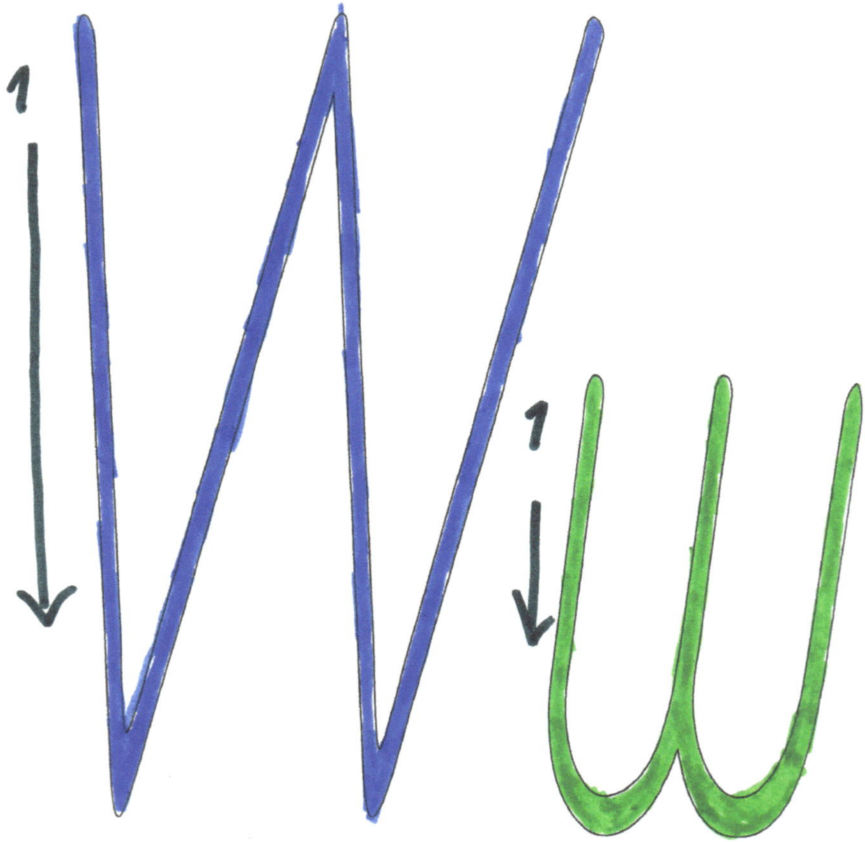

Ww

**Watch
El Reloj**

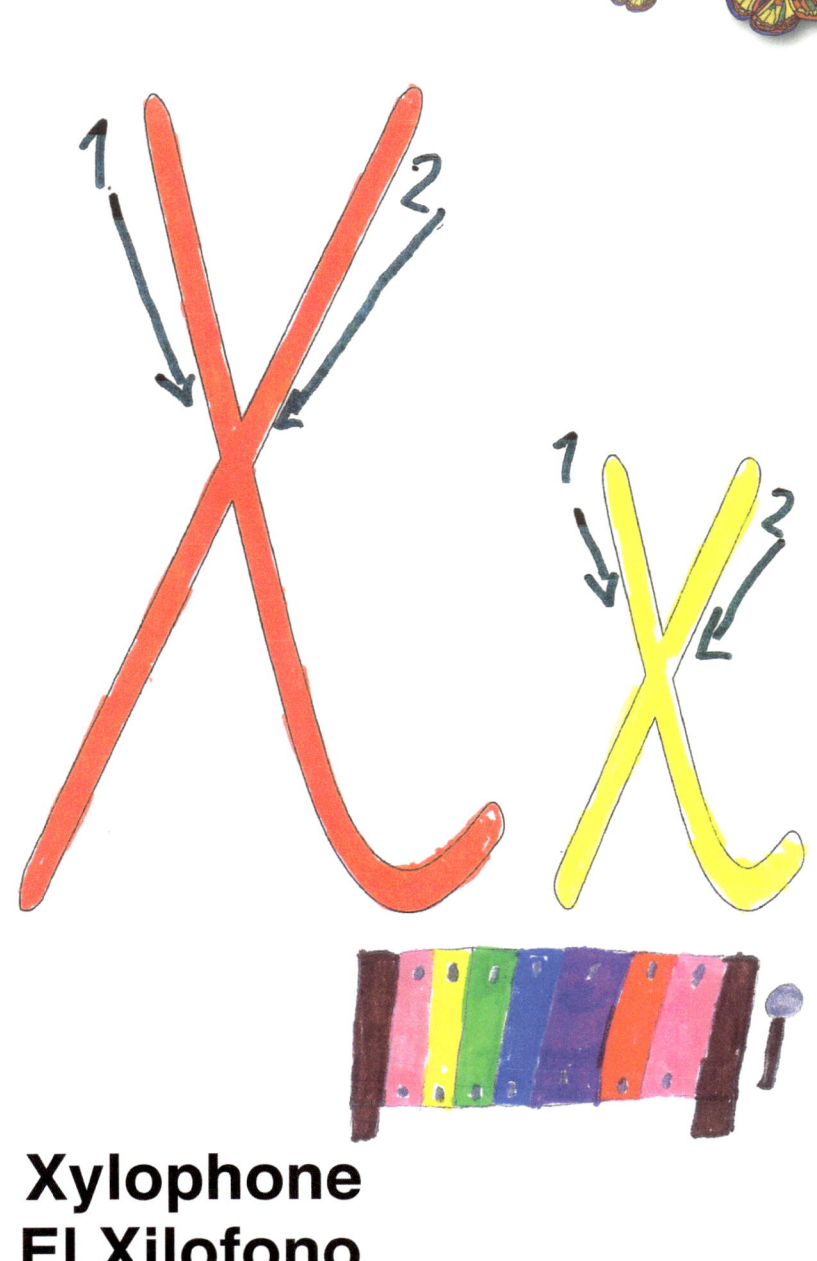

**Xylophone
El Xilofono**

Yy

**Yo Yo
El Yo Yo**

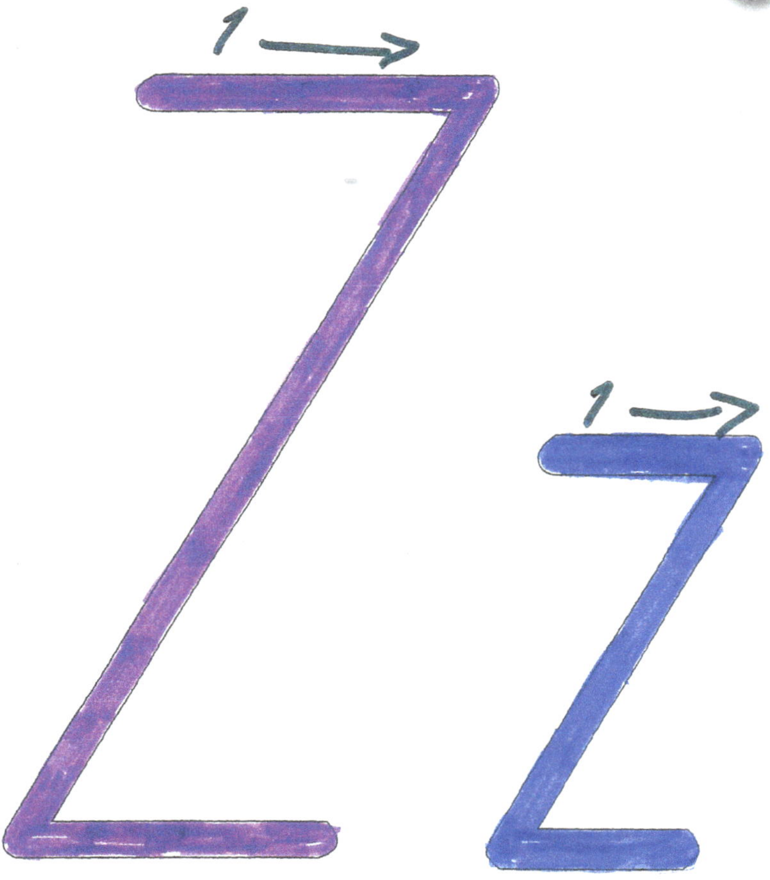

Zz

Zipper
La Cremallera

Fluidez

FLUIDEZ # 1

La fluidez es la "unión" entre decodificación –**el reconocimiento de palabras**– y la capacidad de crear significado. Permite **Comprender**–Entender lo que se está leyendo.

Algunos signos de lectura fluida son la precisión, la lectura rápida, y la lectura con expresión. Los lectores fluidos saben cómo decodificar –leer las palabras rápidamente–. Pueden pensar en las ideas en una historia y conectar esas ideas a sus experiencias. La fluidez en la lectura desarrolla y mejora con la práctica. La fluidez en la lectura suena como si estuvieran hablando.

Estrategia de Instrucción para guiar los alumnos conforme practican y desarrollan fluidez en la lectura:

Palabras a la vista: palabras el lector reconoce y lee **sin** tener que **decodificar**— es decir, sin tener que decir el nombre o el sonido de cada letra de la palabra.

Leer **Palabras a la vista** Fluidamente–**Música y movimiento:**

- Prepare un colorido conjunto de Palabras a la vista.
- Seleccionar y reproduzca música que anime al movimiento.
- Diga, "Hoy en día, vamos a aprender a leer palabras a la vista con fluidez."
- Lea fluidamente cada modelo que aparece de Palabra a la vista; reproduzca la música y añada los movimientos sugeridos.

- **Vuelva a leer** las palabras a la vista, añadiendo la música y los movimientos.
- Pida al alumno(s) a seguir su ejemplo.

Ahora, use un orden de lectura al azar:
- **apunte** a una palabra a la vista.
- pida al alumno(s) a **leer** la palabra y **mostrar** el movimiento para definir la palabra.

Palabras a la vista:
- **Grandes**-escriba estas palabras en letras GRANDES.
- **Pequeñas**–escriba estas palabras en pequeñas letras.
- **Arriba**-muestre una imagen de alza-**brazos arriba**.
- **Abajo**-muestre una imagen hacia abajo-**brazos hacia abajo**.
- **Yo**-apunte al lector cuando lea esta palabra.
- **Tú**- apunte al alumno(s) cuando lea esta palabra.

Recuerde, **Fluidez** es la capacidad de leer palabras con precisión, rapidez, y con expresión.

La fluidez es desarrollada mediante modelar y practicar. **La fluidez** es el lazo que une el aprender a leer, la decodificación y – la comprensión de "leyendo para aprender"-.

Estrategia de Instrucción para guiar a los alumnos conforme practican y desarrollar **fluidez en la lectura.**

- **Lectura de una Rima**-escuchar y leer en voz alta

- Modele el leer con fluidez-precisión, rapidez y con expresión.

- Repita la lectura de la rima.

- Prepare las estaciones de rima, la escucha, el arte y la escritura.

Dele al alumno(s) una copia de la rima con puntuación resaltada.

- Apunte y diga los nombres de la marca de punto, coma y pregunta.

- Ahora, apunte y pida al alumno(s) a decir el nombre del "punto", "coma" y "signo de interrogación".

- Dígale al alumno(s) que van a practicar la lectura de una rima rápidamente con precisión, y con expresión.

- Lea el título de la rima.

- Pídale al alumno(s) a nombrar y describir las imágenes en la rima.

- Lea la rima en voz alta y con expresión- apunte con la voz y pause para una "coma". Deténgase por un "punto" y utilice la voz para cuestionar el "signo de interrogación".

- Pregunte a los alumnos preguntas específicas acerca de cómo se leyó la rima.

Lea y modele cada comentario:

- ¿Te diste cuenta que dejé de leer cuando una fue seguida por un punto?

- Escucha, voy a usar mi voz para mostrar el uso de un signo de interrogación.

- Ahora vas a escucharme hacer una pausa cuando una coma sigue una palabra.

El lector dice "Vamos a escuchar mientras leo" (diga el nombre de la rima).

Rea la rima fluidamente.

Anime al alumno(s) a compartir comentarios y preguntas acerca de "cómo" se leyó la rima.

Diga, "Ahora, vamos a leer la rima juntos."

Guíe al estudiante(s) en la lectura fluida de la rima. Permita que el alumno(s) practique la lectura fluidamente. ¡Alabado sea el alumno(s) por leer fluidamente.

Anime a todos los alumnos por su participación.

SUGERENCIAS para el desarrollo de comprensión adicional sobre la lectura de rima.

Pida al alumno(s) ilustrar la rima escuchada y leída.

Permita que el alumno(s) escriba una historia acerca de la rima.

Anime al estudiante(s) a vestirse como uno de los personajes de la rima.

Vocabulario

Vocabulario es *el arte en la conversación–palabras que usamos para hablar, escribir, compartir, e intercambiar pensamientos e ideas.*

Vocabulario oral se refiere a las palabras que usamos para hablar y reconocemos mientras escuchamos. Lectura de palabras de vocabulario son las palabras que dan sentido a la lectura. Los estudiantes deben saber y ser capaz de utilizar una variedad de significados de las palabras con el fin de convertirse en lectores, escritores, oradores y oyentes bien informados. La investigación ha demostrado que el vocabulario se aprende de manera indirecta y debe ser enseñado directamente.

Aprendizaje Indirecto y Enseñanza del Vocabulario:

- Los estudiantes participan en lenguaje oral, intercambian pensamientos e ideas diariamente
- Los estudiantes escuchan conforme los lectores competentes leen para ellos
- Los estudiantes *que son lectores competentes* leen por sí solos

Estrategia de Instrucción para la Enseñanza y el Aprendizaje de Vocabulario Directamente:

¡Conéctelo!–Use palabras conocidas para aprender nuevas palabras– sinónimos.

Muestre las primeras dos palabras a la vista enseñadas y aprendidas durante la **Lección de fluidez #1:**

Palabras a la vista
- **Grandes**–escriba estas palabras en letras GRANDES.
- **Pequeñas**– escriba estas palabras en letras pequeñas.

Haga que los estudiantes lean las **primeras dos** palabras a la vista originales.

Prepare o **seleccione** las nuevas imágenes de palabras-use palabras coloridas y concretas:
- **Grandes**
- **Pequeñas**

Decimos: "Ahora vamos a aprender nuevas palabras que tienen el mismo o casi el mismo significado."

Lea y apunte a "Grande."

Diga, "Grande." Muestre la imagen–Grande significa casi lo mismo que largo.

Diga, "Pequeño." Muestre la imagen –pequeño significa casi lo mismo que chico.

Ahora, muestre y lea dos palabras adicionales–sinónimos.
- Imagen–Dibujo
- Regalo–Obsequio

Lee otra vez las nuevas palabras de imágenes de **coloridas** con **concretos** y similares significados-sinónimos.

Ahora, use una de las nuevas palabras en una oración.

Pídale al estudiante(s) que explique, o sea, **decir el significado** de la nueva palabra.

Haga que el estudiante(s) utilice **una** de las palabras –**palabra original o una nueva palabra**–en una oración.

Ahora, dele al estudiante(s) tiempo para **leer** y **emparejar** las tarjetas ilustradas de palabras-sinónimos.

Sugerencias para el desarrollo de la comprensión de lectura, escuchar y hablar Vocabulario:

- Lea para el alumno(s)

- Haga preguntas acerca de la rima, la historia, o la fábula leída. (Lista de libros y creadores de preguntas se incluyen en esta guía.)

- Anime al estudiante(s) para formular y responder preguntas sobre el cuento.

- Pida al alumno que dibuje nuevas imágenes para ilustrar la historia.

Recuerde, **Vocabulario**–el arte de la conversación – más a menudo se aprende de manera indirecta y debe enseñarse directamente.

Comprensión

Comprensión–entender– es la razón para leer. Los buenos lectores piensan en su propio pensamiento-practican la "meta cognición". Los lectores competentes tienen un propósito para la lectura Leer para completar una tarea (para aprender a operar un nuevo juego), leer para información (para aprender más sobre el número y tipo de paseos en tu parque favorito), leer para relajarse y divertirse (leer y disfrutar de rimas y fábulas).

Los buenos lectores son activos. Hacen preguntas. Leen para responder a sus propias preguntas. Hacen conexiones con las lecturas pasadas y comparten pensamientos e ideas sobre sus lecturas con los demás.

¡Está confirmado!

Los estudiantes demuestran ganancias trascendentales en la motivación, el compromiso y la comprensión cuando las familias leen juntas. La comprensión de lectura puede y debe ser enseñada.

La lectura como una familia desarrolla la capacidad de escuchar y hablar:

- Refuerza suavemente las reglas del buen escuchar y hablar durante una conversación.
- Aprovecha las oportunidades de hacer que el alumno(s) siga y den instrucciones.
- Usa un lenguaje apropiado para muchos propósitos.
- Responde a las preguntas y dejar que el alumno(s) tomen las riendas.
- Recordatorio, una pregunta que se puede responder con una respuesta de una palabra lo más probable así será. Haga preguntas abiertas que no puedan posiblemente ser respondidas con un "sí" o "no."

- Repita la expectativa- Todos los lectores de familia se unirán en la conversación

- (¡Atención! Tenga en cuenta la edad y el nivel de desarrollo académico del alumno(s).

Hablar acerca de libros– Hablar de libros es una brillante manera de fomentar y unir la lectura crítica, pensar, escribir, comprensión auditiva y expresión oral. Para desarrollar lectura de **significado - comprensión** los alumnos deben saber y ser capaces de entender lo que saben:

Algunas formas precisas para enfatizar la importancia de profundizar la comprensión- desarrollando la comprensión- sobre el lenguaje (expresión oral y la alfabetización), la lectura y la escritura es el modelar, es decir, el demostrar. Los padres y educadores deben mostrar interés en la idea y/o tema, ofrecer respuestas a las preguntas, y dar explicaciones.

Leer para significado– el desarrollar comprensión puede y debe ser enseñado. Utilice las siguientes sugerencias para guiar a los alumnos. ¿Sus alumnos saben y van a ser capaces de demostrar lo que saben?

¿El alumno?:
- **Recuerda**–capaz de encontrar, listar y clasificar ideas
- **Interpretar**–explicar lo que se leyó
- **Aplicar**–usar lo que es leído
- **Analizar**–desglosar la información en partes
- **Evaluar**–juzgar y criticar lo que es leído
- **Crear**– juntar ideas originales para hacer algo nuevo

Sugerencias para el desarrollo de la comprensión durante el uso de las seis viñetas de procesos de pensamiento:

- **Pida** al alumno(s) a recordar: **visualice**-cierre los ojos y describa la imagen que tiene en su mente mientras lee.
- **Haga** que el alumno(s) compare - **cuente cómo el cuento leído fue similar y diferente** de otro cuento leído o escuchado.
- **Permita** al alumno(s) a aplicar-**ilustrar** - hacer un dibujo que muestre lo que sucedió en la historia.
- **Haga** que el alumno(s) Analice-**elabore una lista** de acciones de los personajes y explicar lo que hizo el personaje para mostrar que la acción.
- **Haga** que el alumno(s) evalúe: **nombre y juzgue** las acciones y reacciones del personaje.
- **Permita** que el alumno(s) cree: **escriba una canción** o **desarrolle un nuevo** juego contando la historia leída.

Un plan de acción bien demostrado y organizado para la profundización de la comprensión y el desarrollo de la comprensión:

- Lea con el alumno(s) cada día.
- Pregunte al alumno(s) qué palabras fueron las de mayor ayuda para la comprensión de la historia.
- Explore, comparte e intercambie ideas acerca de la lectura.
- Escriba para describir, explicar, resumir, contar los puntos principales y parafrasear-decir en sus propias palabras.
- Haga y responda a preguntas sobre el uso lectura-usar la siguiente palabra impulsa a comenzar el cuestionamiento: **¿Dónde? ¿Cuándo? ¿Quién? ¿Por qué? ¿Cómo?**
- Haga que el alumno(s) Visualice-describa las fotos que tienen en su mente mientras se lee.

La Comprensión es la razón para leer. Los estudiantes deben saber y ser capaces de entender lo que saben. Con el fin de desarrollar la comprensión, los estudiantes deben estar motivados para leer de forma activa y con un propósito. La comprensión de lectura se enseña mejor a través de instrucción explícita, conversación de colaboración–**un intercambio de pensamientos e ideas.**

Estrategias de Instrucción para guiar la práctica de los estudiantes y desarrollar la comprensión de lectura:

Hablar Sobre Libros
Hablando sobre libros es una brillante manera de unirse y fomentar la lectura crítica, pensar, escribir, escuchar y hablar. Para el desarrollo de la comprensión, el estudiante debe:

- Recordar-ser capaz de hallar, listar y ordenar ideas
- Interpretar-ser capaz de explicar lo que se lee
- Aplicar- usar lo que se lee
- Analizar-romper la información en partes
- Evaluar-juzgar y criticar lo que se lee
- Crear-armar ideas originales para hacer algo nuevo

Sugerencias para el desarrollo de la comprensión durante el uso de las seis viñetas de procesos de pensamiento:

- Pida al alumno(s) a recordar-**visualizar.**
- Cierre los ojos y describa la imagen que sostuvo en su mente mientras lee.
- Haga que el alumno(s) compare – **que cuente cómo el cuento leído era similar y diferente de** otro cuento leído o escuchado.
- Permita que el alumno(s) aplique-**ilustre**-dibuje una imagen diciendo lo que sucedió en la historia.
- Haga que el alumno(s) Analice-**elabore una lista** de acciones de los personajes y **explique** lo que hizo el personaje para mostrar esa acción.
- Haga que el alumno(s) evalúe-**nombre y juzgue** las acciones de un personaje.
- Permita que el alumno(s) cree-**escriba una canción o desarrolle un nuevo juego** contando la historia leída.

Recordatorios:
- Lea con el alumno(s) por diversión cada día.
- Pregúntele al alumno(s) qué palabras fueron de gran ayuda para la comprensión de la historia.
- Experimente, pruebe, comparta e intercambie ideas sobre la lectura.
- Escriba, haga y responda a preguntas sobre la lectura.
- Haga que el alumno(s) Visualice-describa las fotos que tiene en su mente mientras lee.
- Haga que el alumno(s) diga lo que habría hecho si fuera el personaje principal de la historia.
- Cree y diseñe modelos y proyectos sobre la historia.

¡Celebración de Lectura!

La Elección de Amantes de Libros Sobre Libros Multi-Nivel:

Diccionario Ilustrado en Inglés–Ilustrado y Colorido-
Libros Pasaporte - Angela Wilkes

¡Un Primer Tesauro –Palabras–Palabras!-
Golden Books - Harriett Wittels and Joan Griesman

Libro Dumbo de Opuestos –
Golden Books - Alan Benjamin

Libro de Opuestos de Arriba y Abajo -
Paradise Press, Inc - Cathy Drinkwater Better

Gato el Gato, ¿Quién es Ese? -
Mo Willems

¡Digamos Hola a Amigos que Vuelan! -
Mo Willems

Los Gatitos de Colores –
Golden Books - Margaret Wise

Bebé Einstein–El Mundo de Color de Van Gogh-
Julie Aigner-Clark

Círculo de Estanque -
Betsy Franco

Uno Es un Ratón -
Jonathan y Lisa Hunt

Cumpleaños para Oso -
Bonny Becker

Sobre la Luna–Libro de Dichos -
Shirley Hughes

Abuela y Yo - Helen E. Buckley -
Jan Ormerod

Abuelo y Yo - Helen E. Buckley -
Jan Ormerod

El Día de Gracias de Mickey –
Trabajos del Ratón de Disney

Adivina Cuánto Te Amo -
Susan McBratney

Bebé Ángel -
Pat Cummings

El Día Nevado -
Golden Books - Walt Disney

Poesías Infantiles de la Mamá Ganso -
School Specialty Publishers

Colores -
Richard Scary

Las Fábulas de Aesop-
Apple Classics - Ann McGovern

Historias de Afroamericanos Para Leer en Voz Alta -
Susan Kantor

El Juego a la Antigua Añade valor a las Actividades Libres de Pantalla

En el centro del aprendizaje y la construcción de preparación exitosa para la escolarización está el juego a la antigua. El juego a la antigua incluye el aprender mientras se comparte la alegría de desarrollar el lenguaje mediante el uso de palabras, haciendo preguntas, compartiendo comentarios e intercambiando ideas. El juego a la antigua incluye el tiempo para crear, imaginar, construir, y descubrir - construir y desarrollar habilidades de pensamiento crítico. El juego a la antigua es lo más a menudo libre de pantallas. Con demasiada frecuencia, las juguetes de pantalla, actividades y programas alientan a sentarse, escuchar y preestablecer respuestas y reacciones. A fin de que los alumnos desarrollen la preparación para la escolarización exitosa, deben participar en actividades que estimulen a la edad de desarrollo social adecuada y la alegría de crear, imaginar, construir, y pensar críticamente mientras se aprende juego a la antigua.

Antes de comenzar con la diversión y el juego a la antigua-prepare al alumno para el entretenimiento, actividad, día fuera, viaje, y programas.

- Discuta las expectativas y esté preparado para que se pongan a prueba las reglas.
- Comparta información del panorama general sobre la actividad.
- Dé tiempo para compartir explicaciones, responder y hacer preguntas.
- Programe tiempo para relajarse y divertirse.
- Felicite a su alumno por comportamientos sociales apropiados.
- Fomente el interés y el amor por el aprendizaje.

Los estudiantes involucrados con las familias y compañeros en juego a la antigua desarrollan la confianza, de buen modo participan en el aprendizaje en grupo, aprenden y practican habilidades sociales apropiadas para la edad, y lograr más académicamente.

Libre de Pantalla–Ideas para Aprendizaje:
- Cantar en la carretera
- Imagen perfecta-cree un álbum de fotos de viajes
- Tiempo de Rima - use palabras que rimen para contar una historia al viajar distancias cortas
- Narrador Viajando-tome turnos describiendo los alrededores mientras viaja

En Casa:
- Cocinar juntos, aprender acerca de una variedad de alimentos
- Enseñar y aprender juegos favoritos de la infancia
- Jugar-ajedrez, damas, máncala, adivinanzas-
- Escriba una carta a un amigo o familiar
- Pintar, dibujar, ilustrar
- Cantar canciones-escuchar música
- Planificar y organizar una fiesta para celebrar libre de pantalla

En la Comunidad:
- Visitar la biblioteca
- Unirse a un equipo
- Aprender una nueva habilidad, tome clases
- Salir a caminar, aprenda a usar una brújula
- Visitar a su museo local
- Planear un día en el zoológico
- Explorar su librería local
- Aprender a volar una cometa

Una Palabra Final...

Ha abierto la puerta que conduce a una gran aventura. Las páginas anteriores han sido la vía. Ellas le han mostrado la dirección en la que debe ir y le han dado las herramientas con las que puede hallar su camino.

Ahora ha llegado al lugar en el que "¡no queda nada en ello, sino hacerlo!" Y así, estas últimas palabras son para animarle a seguir adelante, vaya audazmente en la gran aventura que es el enseñar a los jóvenes a leer.

El entusiasmo es contagioso. Espero que su entusiasmo por la lectura "contagie" a sus jóvenes alumnos. Si muestra alegría y la maravilla que viene de la lectura, no podrá evitarlo sino transferir esa alegría y maravilla a ellos. Recuerde, aprender a leer es un proceso de descubrimiento, ¡y el proceso de enseñar a los jóvenes a leer debe ser divertido!

Al enseñar a sus jóvenes estudiantes a leer, se les introduce a un mundo que cada vez se está expandiendo, uno que siempre está llenándose de nuevos lugares, nueva gente y nuevas cosas.

Aprender a leer estimulará la curiosidad del joven aprendiz y, con suerte, su deseo de aprender, conocer y descubrir se quedará con ese niño para siempre.

Hoy en día, nuestros niños están más expuestos a las maravillas de la tecnología. A los computadores más veces que no, están en nuestras aulas y en nuestros hogares. Los jóvenes se sienten atraídos por el espectáculo que destella de sonidos e imágenes que aparecen en pantalla. Algunos dicen que el acto de sentarse en silencio con un libro es aburrido en comparación. Eso es cierto, sin embargo, sólo para aquellos que no han sido "contagiados" con la magia de la palabra escrita. Los libros ofrecen mayor entusiasmo que las computadoras pueden o algún día podrán. El mundo del libro -el mundo de la lectura - es el mundo de la imaginación, y la imaginación no puede limitarse a una pantalla y un teclado.

La verdad es que el jugar juegos de computadora-simplemente como ver televisión - es un ejercicio pasivo. Un niño puede estar manipulando las teclas, pero las opciones disponibles a través del juego están predeterminadas y, por tanto, limitadas.

La lectura, por otro lado, no es pasiva-es interactiva. Cuando lee, la mente está ocupada y las opciones son ilimitadas, ya que la lectura es un proceso creativo. Al abrir y entrar en un libro, los lectores crean los personajes, los escenarios, los sonidos, y las acciones en el ojo de sus mentes y, en la mente, las imágenes son más brillantes y más vivas que cualquier cosa que se puede colocar en una pantalla.

Por último, podría ayudar a darse cuenta de que el acceso a las computadoras depende de la capacidad de leer las instrucciones de un juego, por ejemplo, o para leer las reglas de un programa informático y los procedimientos operativos. Ciertamente, nadie puede crear un juego o un programa de ordenador sin una sólida comprensión del proceso de lectura.

Tan pronto como los jóvenes estudiantes han llegado a dominar los fundamentos básicos descritos aquí, deben ser animados a probar sus manos en escribir por sí mismos. Anime a los jóvenes estudiantes a crear y contar sus propias historias y escribirlas. No hay mejor manera de fomentar y alentar la creatividad en una mente joven.

Y así, la gran y siempre continua aventura le espera. No puede haber mayor emoción que servir como un guía para el lector joven a este mundo extraordinario. Empecemos.

¡Adelante!

Los Cinco Componentes Esenciales de Leer Para Aprender y Aprender Para Leer

Sesiones de Trabajo de Alfabetización y de Lenguaje

Leerle para Aprender y Aprender para Leer Sesiones de Trabajo de Alfabetización y Lenguaje
"Eduque Mentes, no sólo Memorias"

Alfabetización y Lenguaje— leer, escribir, escuchar y hablar de estrategias y procesos de pensamiento crítico debe ser enseñado sistemáticamente y explícitamente.

Leer para Aprender y Aprender a Leer – Lecciones de alfabetización y lenguaje – es apoyado por la investigación, probado y práctico. Las actividades están listas para integrarse en todas las materias y enriquecerán los planes de estudio designados.

Las sesiones de trabajo son interactivas y diseñadas para aumentar la comprensión de la enseñanza y el aprendizaje efectivo de los cinco componentes esenciales de la lectura:

- Conciencia fonética
- Fonética
- Fluidez
- Vocabulario
- Comprensión

Educadores:

- Maestros de Aula
- Padres
- Cuidadores de Guardería
- Profesores de Escuela en Casa
- Asistentes Escolares
- Tutores

Los Especialista de la Lectura/Lenguaje aprenderán más acerca de:

- Las habilidades de alfabetización necesarias para lectura, pensar, escribir y escuchar competentemente

- Los conocimientos lingüísticos necesarios para hablar

- Herramientas de instrucción necesarias para el aprendizaje interesante y la enseñanza eficaz

Acerca del Autor

EVELYN ENGLISH tiene una Maestría en Educación, y es una especialista en lectura. Ella ha creado y publicado **Leer es Pensar,** una **aplicación** que es compatible con los dispositivos de **Apple** y **Android**. Ella es la autora de *Leer es Pensar-Herramientas Dinámicas Para el Desarrollo de la Alfabetización y el Lenguaje* – disponible en **Inglés** y Español; y *El Regalo de la Alfabetización para el Aula de Inteligencias Múltiples*. Evelyn dirige a los Tutores de Alfabetización EWE, un tanque de pensamiento de lectura, pensar, escribir, escuchar y hablar.

Evelyn el ancla de las sesiones de trabajo de alfabetización de lectura sobre la enseñanza explícita y el aprendizaje eficaz para:

- Padres y Familias –**Alfabetización de Bloom**

- **Los Componentes Esenciales de la Lectura:** Conciencia fonémica, fonética, fluidez, vocabulario y comprensión

- **Instrucción Diferenciando** - Múltiples Inteligencias

- Leer para Significado - **Taxonomía revisada de Bloom**

- Educadores-Administradores - **Conéctalo**

Evelyn es reconocida a nivel nacional como una entrenadora innovadora e instructora en estrategias interactivas, procesos y técnicas de lectura. Su trabajo, tanto en los Estados Unidos y Europa, ha mejorado su capacidad para preparar a todos los estudiantes para el siglo 21. Sus estudiantes van desde Pre-Jardín de Niños hasta el nivel universitario. Ella ha escrito y enseñado currículos de estudios cognitivos, sido mentora de profesores, coordinado programas educativos de alfabetización, lectura, y servido en consejos de administración de las escuelas públicas y autónomas.

www.ngramcontent.com/pod-product-compliance
Lightning Source LLC
Chambersburg PA
CBHW042338150426
431955CB00001B/34